# LA
# VOIX DE L'ALSACE

PAR

## ÉMILE WENDLING

## PARIS

### A. GHIO, ÉDITEUR

41, QUAI DES GRANDS-AUGUSTINS, 41

—

LA

# VOIX DE L'ALSACE

Paris. — Imprimerie Viéville et Capiomont, 6, rue des Poitevins.

# LA
# VOIX DE L'ALSACE

PAR

## ÉMILE WENDLING

**PARIS**

## A. GHIO, ÉDITEUR

41, QUAI DES GRANDS-AUGUSTINS, 41

1872

LA

# VOIX DE L'ALSACE

## I

L'ennemi occupe notre fidèle province, nous ne sommes plus chez nous que des étrangers; bien plus, le vainqueur ne nous laisse d'autre alternative que de nous soumettre à son joug ou d'aller mourir en exil. Aujourd'hui l'Alsace est appelée à montrer son patriotisme; le jour est venu où elle doit proclamer, devant le monde entier, à qui appartiennent ses vœux et son amour.

Alsacien et enfant du peuple, j'ose parler pour mes frères. Bien loin de trouver dans mon humble origine une raison qui me doive imposer silence, j'y vois un privilége qui me commande de parler bien haut. Il faut que le peuple se fasse entendre par la bouche d'un enfant du peuple.

Ce n'est pas dans des phrases bien tournées, dans de vaines exclamations ou des imprécations impuissantes que je me suis proposé de donner une preuve du patriotisme alsacien. Il y aurait à la fois peu de difficulté et peu de mérite à le faire. Et puis, à quoi bon répéter ce que personne n'ignore ? « Les Alsaciens sont les Français les plus Français de France ! » Ce glorieux témoignage, que nous a donné un illustre vieillard, a retenti chez toutes les nations, et toutes en ont reconnu la vérité.

La meilleure preuve de patriotisme qu'un Alsacien puisse donner aujourd'hui, c'est de contribuer au bonheur présent et à la gloire future de la France, par l'étude sévère et impartiale des événements passés. Voilà l'objet de mon travail.

Guidé par l'opinion des hommes les plus justes et les plus sages chez les nations étrangères, et soutenu par cet amour de la patrie, qui est la seule consolation des Alsaciens, je viens unir mes faibles efforts au grand travail qui occupe aujourd'hui toute la nation française — notre propre régénération.

En descendant pour la première fois dans l'arène politique, je déposerai toute fausse délicatesse et je parlerai toujours à cœur ouvert : amis et ennemis trouveront ma franchise à toute épreuve. J'accepte la vérité partout où je la trouve et je la proclame, quelque dure qu'elle puisse être, même au risque de m'exposer à la colère d'une nation que j'adore tout en l'attaquant.

De toutes les vérités dont il faut nous pénétrer aujourd'hui, celles que nous avons le plus besoin d'approfondir sont les plus tristes et les plus cruelles : voilà ce que je prie tout Français et tout vrai patriote de ne pas oublier.

Pour de longues années, pour des siècles peut-être, le salut de la France dépendra du soin que nous mettrons à étudier les terribles leçons que nous venons de recevoir, et à tirer profit de notre expérience si chèrement acquise. Nous avons cruellement expié les fautes de nos pères tout aussi bien que les nôtres. De même, si nous ne changeons de conduite, nous condamnons fatalement nos fils à une existence pénible et orageuse.

Si nous poursuivons l'ancienne route, si nous persévérons dans notre indifférence politique et que nous ne combattons hardiment l'ignorance où végète notre peuple, nous tomberons toujours plus bas dans' le précipice qui s'est ouvert sous nos pieds. Si, au contraire, nous prenons tous une part active aux affaires publiques, au rétablissement de l'ordre et à l'affermissement de la liberté, si nous abjurons nos préjugés ridicules et que nous renonçons aux rêves superbes et criminels qui ont animé jusqu'à présent notre politique étrangère, nous remonterons bientôt à la place qui nous est réservée dans le conseil des peuples, et nous deviendrons un jour ce que nous n'avons jamais été — la *grande nation.*

Nous sommes tourmentés aujourd'hui d'un vague besoin de régénération. Chacun de nous voit, mais aucun n'ose affirmer que nous avons poursuivi une fausse route. Jusqu'à présent personne n'a eu le courage de son opinion, personne n'a osé mettre le doigt sur notre plaie secrète ; personne n'a songé que, lorsque le bonheur de toutes les générations futures était en jeu, il fallait savoir braver l'ignorance et la présomption de la génération présente.

La régénération de la France exige un double travail :

A l'intérieur, il faut élever à la liberté un trône inébranlable.

A l'étranger, il faut rétablir non pas le prestige éphémère des jours passés, mais notre gloire dans sa pureté et sa splendeur véritables.

Le premier travail précède naturellement le second. Les affaires intérieures ont nécessairement le pas sur les affaires étrangères. Le progrès de l'humanité exige que chaque homme, avant de venir en aide aux autres, songe d'abord à lui-même, à sa subsistance, à l'ennoblissement de son cœur et au perfectionnement de son esprit. De même, chaque peuple, avant de prendre part aux affaires étrangères, doit d'abord veiller chez lui-même à l'ordre, à la liberté, au bien-être matériel et au progrès intellectuel et moral.

Voilà une loi que nous, Français, nous n'avons cessé de violer. Au lieu de songer à nous-mêmes, nous avons toujours préféré faire le bonheur d'autrui. Si nous étions sages, nous renoncerions dorénavant à notre générosité si mal comprise et nous suivrions le bel exemple de nos amis d'outre-mer : les Américains accordent toute leur attention à leur propre gouvernement et laissent aux autres peuples le soin de faire de même. Assez longtemps nous avons mis le désordre dans les affaires d'autrui :

apprenons enfin à mettre l'ordre dans les nôtres !

Puisque la politique intérieure précède la politique extérieure, nous commencerons par la première.

L'œuvre de la régénération, comme nous l'avons vu, nous impose tout d'abord le devoir d'élever à la liberté un trône inébranlable. Il est inutile d'entonner ici un chant magnifique pour célébrer la douceur, la beauté, les avantages incomparables et les priviléges infinis de la liberté. J'admets que tout homme l'aime et que tout homme est profondément convaincu de son heureuse influence sur les progrès du monde.

Tous les peuples sont destinés à devenir libres, et tous le seront tôt ou tard ; ce n'est qu'une question de temps. Quant à nous, Français, chez qui la liberté semble vouloir aujourd'hui prendre sa demeure, il faut que nous lui rendions son séjour parmi nous tellement agréable, qu'il ne lui prenne plus jamais fantaisie de nous quitter. Coupons-lui la retraite et faisons dès aujourd'hui ce qu'il faudra bien faire un jour.

Mais comment captiver la liberté ?

La réponse est bien simple. Que chacun de nous se montre digne d'elle et l'appelle de tout son cœur. Elle est une divinité exigeante ; elle ne se contente pas d'un petit nombre d'adorateurs, elle veut posséder tout entier le cœur de chaque citoyen. Du moment qu'on la néglige, elle s'éloigne. Alors seulement elle aime à rester, lorsque toute la nation étend les bras pour la retenir.

La première condition que la liberté nous impose en venant établir son trône parmi nous, c'est l'amour des affaires publiques ; elle veut que chaque citoyen remplisse avec plaisir ses devoirs politiques.

Le domaine de la politique peut se comparer à une vaste arène où le genre humain prend part au combat de la vie, ou, pour emprunter aux Anglais une expression plus forte, *where all humanity must fight the battle of life*. Cette arène est ouverte non pas à une classe privilégiée, mais à tout homme. Notre destinée s'y déroule, chacun de nous y trouve donc sa place particulière, depuis le plus grand des monarques jusqu'au plus humble des sujets. Si nous manquons de nous y présenter et que nous restons indifférents à la grande lutte qui s'y livre, nous sommes de mauvais citoyens. Bien plus, si nous ne descendons pas dans l'arène de plein gré, nous y sommes traînés de vive force et, foulés aux pieds par les autres combattants, nous souffrons des maux que nous aurions pu prévenir en les combattant avec courage.

Les devoirs politiques de l'homme ne sont pas moins sacrés que ceux que lui imposent la morale ou la religion. Le vrai citoyen ne doit pas moins songer au salut de sa patrie qu'à celui de son âme. La politique devrait être l'objet de ses méditations journalières, son pain quotidien.

Voilà des vérités connues de tout le monde, mais bien rares ceux qui les mettent à profit ! La France surtout, où la politique semble se plaire à étaler toute sa puissance, ne nous offre-t-elle pas un étrange et triste spectacle? Nous savons que notre repos, notre bonheur et souvent notre vie même dépendent des affaires politiques, et néanmoins, encore aujourd'hui, le plus grand nombre d'entre nous fait preuve d'une ignorance remarquable et affiche une indifférence stupéfiante à leur égard, ou bien s'en moque avec un superbe dédain. Faut-il s'étonner alors que la France ait eu à passer

par tant de crises lamentables et par tant de
révolutions stériles ?... Soudain le tonnerre
gronde, la foudre éclate, l'anarchie, la révolution ou une guerre désastreuse se déclarent et,
plongeant la nation dans le deuil et dans la misère, lui montrent les suites de sa criminelle
insouciance.

Mais combien de fois le tonnerre n'a-t-il pas
grondé, sans que nous ayons écouté sa voix
redoutable? Combien de fois la foudre n'est-
elle pas tombée, sans que nous ayons essayé
de rebâtir, sur un fondement solide, l'édifice
national en ruines? Que du moins aujourd'hui
nous sachions reconnaître nos fautes passées et
apprendre à nous intéresser aux affaires publiques!

Mais ce n'est pas seulement l'amour des
affaires publiques que la liberté nous impose,
en venant régner sur nous. Avant même de
prendre en main le sceptre, elle exige que nous
bannissions tous les adversaires capables de
lui disputer l'empire, car elle tient à être
maîtresse absolue. Elle est l'ennemie de l'ignorance, c'est donc par l'éducation qu'il faut lui
préparer la route. Elle est l'ennemie du fanatisme, c'est donc par la modération que nous

gagnerons ses faveurs. Elle est enfin l'ennemie de la corruption et de l'immoralité, c'est donc par la probité et la pureté des mœurs que nous lui faciliterons sa noble tâche.

De ces trois ennemis, l'*ignorance*, le *fanatisme* et la *corruption*, les deux premiers sont, en France, les plus puissants. Je ne veux pas prétendre que le dernier soit inconnu chez nous. Bien au contraire ! La corruption, il faut l'avouer à notre honte, n'a pas été la moindre cause de nos malheurs récents. Mais, dans les grandes questions, il faut négliger parfois les côtés moins importants pour concentrer tous ses efforts sur les points essentiels. Si les Français ne sont pas une nation éminemment vertueuse, ils sont encore bien moins une nation instruite et modérée. Pourquoi la liberté nous a-t-elle été infidèle jusqu'à ce jour ? Parce que la majorité du peuple l'effraye par son ignorance et son fanatisme.

De ces deux grands ennemis, l'ignorance et le fanatisme, le premier est le plus redoutable; car, le plus souvent, il engendre l'autre.

L'ignorance est la source des plus grands malheurs de l'humanité, l'oppression, l'anarchie, les révolutions stériles et les guerres injustes. Il est impossible d'en peindre les effets dans leurs proportions gigantesques et dans leur infinie variété. Un peuple ignorant est condamné à toutes les misères ; il sera toujours à la merci du beau premier charlatan habile à chatouiller ses vices, à flatter ses passions, à l'entraîner par l'appât d'une liberté imaginaire ou d'une gloire chimérique.

Français, la liberté attend à notre porte, elle ne demande pas mieux que de résider parmi nous ; préparons-lui donc la route, en chassant de notre milieu son plus puissant adversaire — l'ignorance.

Malheureusement, des esprits moins sages que passionnés, et plus généreux·que prévoyants, se plaisent à confondre la liberté avec sa forme extérieure, la république. Au lieu d'aspirer à la première, ils ne songent qu'à proclamer la seconde. Pour arriver à leurs fins, ils essayent de tous les moyens : ils veulent conduire le monde à une liberté aussi vaine que dangereuse, sur un chemin épouvantable sans cesse entrecoupé de précipices. Cette liberté est pire que le despotisme.

La liberté n'est point une citadelle ; on ne la prend pas d'assaut. Pour arriver à elle, les coups les plus téméraires ne servent de rien. Ce n'est que par des efforts sans nombre et par une constance à toute épreuve qu'on peut se rapprocher d'elle : alors elle étend les bras pour vous recevoir.

Vous pouvez fonder une république, mais vous ne fonderez jamais la liberté ; il faut que celle-ci prenne racine dans le cœur, avant que celle-là puisse prendre racine dans le pays. Mettez un peuple d'esclaves en liberté ; sera-t-il un peuple libre ? Certes non ! Ce ne sont ni les gants glacés, ni les bagues de diamants, ni l'habit fashionable qui feront d'un rustre un gentleman. De même, ce ne sont pas les institutions républicaines qui changeront des esclaves en hommes libres. Entre la république et la liberté, il y a autant de différence qu'entre le nom et la chose. Les républiques de l'Amérique du Sud le prouvent avec évidence. Mais nous en trouvons une preuve encore plus éclatante dans la monarchie constitutionnelle de l'Angleterre. On peut affirmer à bon droit que, s'il est au monde une nation vraiment libre, ce sont les Anglais. Lord Macaulay n'est nullement aveuglé par l'amour national, quand, plein d'un noble orgueil, il donne à ses concitoyens ce bel éloge : *The nation which has combined, beyond all example and all hope, the blessings of liberty with those of order.*

Aussi longtemps qu'un peuple ne sera pas intérieurement libre, la monarchie a sa raison d'être. Tout monarque a un but aussi noble que beau, c'est d'apprendre au peuple à se gouverner lui-même. La destinée de tout souverain est de devenir le sujet de ses sujets ; celle de tout sujet, de devenir le maître de son souverain. L'ambition la plus juste d'un prince, c'est d'imiter le magnifique exemple de la reine Victoria et d'arriver à ne plus être qu'une nullité parfaite. Heine, le plus français des Allemands, a bien raison de dire :

**Ein Klotz ist immer der beste Monarch.**

Le prince le plus illustre sera celui qui le premier aura le droit d'abdiquer, et qui reconnaîtra la majorité du peuple en déposant entre ses mains sa destinée.

Le peuple est de droit son propre souverain ; hors de lui il n'y a rien, toute autorité est soumise à la sienne. Partout dans le monde où je porte mes regards, je suis forcé de reconnaître la majesté du peuple. Monarques et ministres, prêtres et philosophes, artistes et hommes de science, grands hommes et génies divers, quels que vous soyez, vous n'êtes sur la terre que pour le peuple ; vos travaux, votre destinée, votre existence, tout appartient au peuple. Si, dans vos entreprises, vous perdez de vue le peuple, tous vos efforts sont vains, toute votre grandeur s'évanouit, toute votre existence n'est plus qu'une chimère ! Le peuple est tout : toute autre puissance relève de la sienne, et le peuple ne relève que de lui-même et de la Divinité !

Quelle grandeur infinie, quels superbes priviléges ne sont pas réservés au peuple ! Mais quel usage fait-il de tant de magnificence et de titres si glorieux ?

Ah ! quand on compare la grandeur et la puissance, qui lui appartiennent en principe, avec sa faiblesse et son abaissement réels, votre cœur se remplit d'une triste et profonde compassion.

Je cherche en vain une comparaison assez frappante pour exprimer ma pensée dans toute sa force.

Le peuple ressemble à un géant dont la vigueur ne connaît point de limite. Mais, au lieu de tirer parti de sa vigueur, il passe le temps à dormir ; le sommeil est son état habituel et la paresse sa première vertu. Pendant son sommeil, une foule de pygmées viennent l'enchaîner : ce sont les princes, les rois, les empereurs avec leurs nombreux satellites. Bientôt notre géant se réveille à moitié ; mais, aussi longtemps que les pygmées ne resserrent pas trop fortement ses liens, il fait preuve d'une patience merveilleuse, car le moindre mouvement lui est pénible. Bien plus, il admire naïvement ces petits êtres qui le tiennent prisonnier, et qui tour à tour le chatouillent, le tourmentent, le caressent et le maltraitent. Il ne les écarte pas. Au contraire, il supporte tous leurs traitements avec une soumission enfantine : il y a tant d'honneur à être tourmenté par un monarque, et il est si doux d'être caressé par lui ! Parfois l'un des pygmées se distingue de tous les autres par des qualités aussi rares que brillantes. Alors notre géant se met à l'admirer, à le choyer, à lui prodiguer les épithètes les plus flatteuses, quelque cher que lui coûte sa prédilection. Il lui faut, du reste, pardonner cette petite faiblesse : le génie s'assied si rarement sur le trône ; la sottise et la médiocrité aiment tant les places illustres ! Et puis, ne l'oubliez pas :

le géant est encore bien jeune ; il aime les jou-
joux ; il lui faut une poupée, mais une poupée
vivante, une poupée royale ou impériale !

Mais parfois aussi ces pygmées, insensibles
au danger qui les menace, ne connaissent plus
de bornes dans les mauvais traitements qu'ils
infligent à leur redoutable prisonnier. Alors
malheur à eux !

Gefährlich ist's den Leu zu wecken !

Notre géant entre soudain en fureur ; d'un
bond il brise ses chaînes, lance à terre ses op-
presseurs et les écrase. Une fois qu'il a essayé
ses forces, il veut en connaître toute l'étendue ;
il fait quelques grands mouvements, se démène
comme un jeune fou, fait le diable à quatre,
commet les plus grandes extravagances et ne
cesse d'être à ses propres yeux un objet de profond orgueil et d'admiration. Après ces exploits,
il se couche de nouveau et s'endort comme au-
paravant. Il est encore enfant, rappelez-le-vous,
le sommeil lui est tellement nécessaire ! Alors
d'autres pygmées arrivent et profitent de sa lé-
thargie pour le réduire de nouveau en escla-
vage. La même comédie recommence, et elle
recommencera toujours, jusqu'à ce que le géant

sorte de l'enfance, secoue le sommeil et apprenne à vivre.

Mais jusques à quand le peuple restera-t-il dans l'enfance? Jusques à quand sera-t-il aveugle sur les suites de son indifférence pitoyable? Jusques à quand préférera-t-il les douceurs trompeuses de l'inaction et de la dépendance aux nobles devoirs d'une vie active et aux honneurs de la souveraineté?

Aussi longtemps que le peuple lui-même ne s'intéresse aux affaires publiques, tous nos efforts sont infructueux et toutes nos révolutions inutiles. A moins de trouver en lui son plus fervent adorateur, la liberté reste inexorable. Alors seulement nous entrerons dans ses bonnes grâces, si nous lui faisons gagner le respect et l'amour du peuple!

Aujourd'hui, le temps est venu de mettre en pratique les maximes que nous venons de développer. Profitons de l'occasion présente, car nous ne savons pas quand notre destinée nous en donnera une autre aussi belle et aussi favorable. Si le salut de notre patrie nous tient à cœur, mettons-nous à l'œuvre dès à présent.

La France attend son gouvernement définitif. Quel sera-t-il? Celui que le peuple voudra bien choisir. Et quel est ce choix? C'est au peuple à parler. Mais notre attente est vaine : il reste silencieux. Parlera-t-il jamais?

Peut-être trouverons-nous dans le passé la clef de l'avenir. Examinons donc le passé.

Le peuple, qu'a-t-il voulu jusqu'à présent?

Il a voulu un maître habile qui le débarrassât des soins du gouvernement et qui en prît la responsabilité sur lui seul, un maître qui jamais ne s'avisât de troubler sa paresse ou de l'arracher au sommeil. La France a eu ce maître, mais il l'a conduite à la ruine.

Le peuple, qu'a-t-il encore voulu?

Un maître aussi puissant que sévère, à la volonté duquel il ne pût opposer ses propres caprices, un maître capable d'étouffer, dans leur germe, les rêves dangereux qui parfois le réveillent en sursaut et lui font commettre des folies sans pareilles. Il a eu ce maître, mais il n'a gagné un repos apparent et superficiel qu'au prix de l'indépendance.

Le peuple, qu'a-t-il enfin voulu?

Un monarque imposant, entouré de toute la magnificence qui convient à un despote oriental, un beau joujou qu'il pût admirer en se réveillant de temps à autre, une poupée superbe devant laquèlle il pût se prosterner et brûler son encens. Il a eu ce monarque, mais les pompes royales et les splendeurs de l'Empire lui ont coûté bien cher.

Un tel passé est de mauvais augure.

Le peuple, que veut-il aujourd'hui?

Aujourd'hui, comme toujours, il ne veut rien, si ce n'est dormir.

Le bonheur et la gloire de la France sont en jeu, mais le peuple ne dit rien!

L'anarchie et la révolution attendent peut-être à nos portes, mais le peuple ne voit rien!

Le sort des générations futures impose aujourd'hui à chaque citoyen le devoir sacré de prendre part aux affaires publiques, mais le peuple ne fait rien!

Dans d'autres pays, après des événements aussi funestes que ceux des dernières années, l'activité du peuple atteindrait à une hauteur merveilleuse. Dans toute l'étendue de l'État, les démonstrations politiques les plus grandioses se succéderaient avec la rapidité de l'é-clair, et au-dessus du murmure des particuliers s'élèverait la voix du peuple, semblable au tonnerre au milieu d'un orage sous les tropiques.

Mais, en France, tandis que les hommes politiques conspirent, tandis que les députés se querellent et ne sont que royalistes, impérialistes ou républicains au lieu d'être Français, le peuple lui-même n'est rien, ne dit rien, ne veut rien, ne fait rien!

Faut-il le prouver?

Eh bien! restaurez demain la Royauté, et le peuple versera des larmes de joie.

Rétablissez l'Empire, et l'enthousiasme du peuple ne connaîtra pas de bornes.

Proclamez la République, et le peuple vous comblera de mille bénédictions!

Pourquoi? Parce qu'il veut dormir.

Et quelle sera l'issue probable de cette triste comédie?

Dans quinze ou vingt ans, ce même peuple se réveillera, et célébrera la chute du même gouvernement avec un enthousiasme égal.

Voilà le tableau de la vie politique en France. La nullité du peuple y est peinte en traits éclatants.

La France, ai-je dit, attend son gouvernement définitif. Nous avons vu que c'est au peuple, et au peuple seul, à le choisir. Mais il se tait; bien plus, son ignorance en matière politique lui rend le choix impossible.

Que faut-il donc faire?

Avant que le peuple soit appelé à donner sa voix, il faut qu'il se réveille complétement, qu'il apprenne à résister au sommeil, à surmonter sa paresse et à vaincre son indifférence; il faut qu'il songe à jouir de ses droits et à remplir ses devoirs; il faut qu'il aspire enfin à diriger lui-même ses affaires et à devenir son propre maître. Alors, seulement, quand il aura atteint sa majorité, il pourra choisir son gouvernement définitif.

Aussi longtemps que le peuple sera dans l'enfance, tout gouvernement sera nécessairement provisoire.

La plus grande faute que les hommes politiques, en France, puissent commettre en ce moment, c'est de vouloir hâter le cours des événements et donner à leur patrie un gouvernement définitif.

Eh! ne voyez-vous pas que c'est aspirer à l'impossible? Car, ou bien votre gouvernement définitif n'aura pas la sanction du peuple, et alors vous n'êtes que des traîtres; ou bien vous consulterez le peuple, et alors vous l'exposez au danger de choisir mal.

Mais, avez-vous calculé les conséquences terribles d'un pareil choix.; avez-vous prévu les révolutions futures que votre précipitation rendra peut-être inévitables? Sans doute, le peuple se hâtera de répondre à votre appel, il choisira le gouvernement que vous lui peindrez sous les couleurs les plus attrayantes, et puis il se rendormira. Mais malheur à vous, si jamais il a lieu de se repentir de son choix! Dans quelques années, peut-être, il se réveillera soudain, battra en brèche votre gouvernement définitif, et vous serez les premiers à ressentir les effets de sa colère!

Le gouvernement provisoire est aujourd'hui le meilleur pour la France. Car il est le seul qui oblige le peuple à tenir les yeux ouverts, à regarder autour de lui, à s'intéresser aux affaires publiques.

Et ne croyez pas que, parce qu'il est provisoire, il soit nécessairement faible. Ce n'est pas le nom qui fait la force du gouvernement; c'est l'habileté de ceux qui y président, la confiance qu'ils inspirent et la soumission libre que le peuple leur montre.

Si tous les citoyens reconnaissent le vrai caractère du gouvernement présent et lui accordent le respect qu'il mérite, il sera aussi fort que les plus vieilles monarchies. Si, au contraire, ils imitent l'exemple de la plupart de nos hommes politiques, et ne songent qu'à l'intrigue et aux conspirations, alors, sans doute, la chute du gouvernement est imminente. Mais, sachez-le bien, Messieurs les conspirateurs, quels que vous soyez, partisans de la Royauté, de l'Empire ou de la République, si l'esprit de parti vous a tellement aveuglés sur les besoins de la France, que vous soyez prêts à sacrifier son bonheur à vos fins cachées, vous n'êtes plus Français, vous êtes plus haïssables que nos ennemis mortels !

Enfant du peuple, j'en appelle, en ce jour, à tous les amis du peuple, à tous les amis de la liberté, à tous les hommes sages, modérés et vertueux dont la France abonde, à se réunir autour du gouvernement provisoire, auquel a été confiée notre destinée. Soutenez-le de toutes vos forces, et prêtez-lui votre concours dans l'œuvre difficile qu'il a entreprise. Élevez-vous au-dessus des rancunes de parti, imitez l'exemple de notre cher Président, et soyez Français, avant tout, Français, toujours Français.

Quant à vous, serviteurs du peuple, qui tenez en main les rênes du gouvernement, puissiez-vous mener à bonne fin la régénération politique de la France, que vous avez si bien commencée.

Grâce à vous, l'ordre est rétabli, la tranquillité règne, la canaille est impuissante, la discipline est rétablie dans l'armée ; bientôt, nous serons débarrassés de la présence odieuse de l'ennemi et la France, qui, hier encore, saignait de toutes ses blessures et semblait épuisée pour de longues années, commence à relever la tête et à respirer librement. Voilà ce que vous avez achevé, au milieu de difficultés sans nombre. Vous avez, jusqu'ici, bien mérité de la patrie : la France vous en est reconnaissante.

Mais, après tout ce que vous avez achevé, il vous reste à entreprendre un travail plus grand, plus difficile et plus important que tous les autres : c'est de conduire le peuple à la liberté.

Le peuple porte encore les chaînes dont ses anciens maîtres l'ont chargé. Les dissensions récentes ne vous ont pas permis de l'en délivrer jusqu'à présent. Mais il en est temps aujourd'hui. Venez au secours du jeune géant, relâchez ses liens, permettez qu'il se lève et qu'il tire parti de ses forces inépuisables. Ce n'est pas dans la servitude que l'on se prépare à la liberté, et ce n'est pas en restant couché à terre que votre jeune maître peut étudier le rôle grandiose qu'il est appelé à jouer. Préparez-le donc à sa carrière future, enseignez-lui les devoirs de la souveraineté, ne lui défendez pas de prendre une part directe à l'administration des affaires, et finissez par lui remettre les rênes, pour qu'il s'élance enfin, plein de confiance en lui-même, dans la route brillante que le sort lui a tracée !

Mais le soin de préparer le peuple à son rôle futur n'appartient pas au gouvernement seul ; il faut que tous les amis du peuple s'en chargent.

Citoyens français, quelles que soient vos convictions politiques, mettez-vous à l'œuvre ; aussi longtemps que vous avez à cœur le bonheur réel de la nation, n'importe à quel parti vous appartenez ! Le salut de la France ne s'attache pas à un parti spécial, et la liberté n'est pas le monopole d'une forme de gouvernement particulière.

Êtes-vous légitimistes ? Fort bien ! allez défendre vos principes devant le peuple, montrez-lui les glorieux souvenirs qui s'attachent à votre drapeau, prêchez les idées antédiluviennes de votre illustre maître, et faites voir qu'elles contiennent en germe tous les fruits de la liberté, de la tolérance et du progrès !

Êtes-vous orléanistes ? Eh bien, n'imitez pas le silence éloquent de vos nobles chefs, présentez-vous devant le peuple, parlez haut et parlez bien. N'oubliez pas que, lorsque le peuple sera appelé à choisir son gouvernement, il donnera sa voix à ceux qu'il connaîtra le mieux, à ceux qui auront le plus contribué à son éducation politique, à ceux enfin qui lui auront témoigné le plus d'intérêt véritable !

Êtes-vous partisans de l'Empire ? Montrez donc à la nation ce qu'elle a perdu en perdant l'empereur. Prouvez que l'Empire, c'est la paix, le bien-être et l'abondance ; prouvez que l'Empire est l'ennemi acharné de l'immoralité et de la corruption ; prouvez enfin que de l'Empire, seul, la France peut attendre la liberté et la vraie gloire !

Êtes-vous républicains ? Eh bien, faites preuve de cette ardeur étonnante, de cette activité infatigable qui caractérise votre jeune chef. Allez dans toutes les directions, dispersez-vous dans toutes les provinces et déposez dans le cœur de chaque citoyen cet amour sacré de la liberté, qui anime votre cœur. Dissipez les soupçons qui pèsent encore sur vous ; montrez, par votre modération, que vous êtes les amis de l'ordre et non de la licence, que vous respectez les lois immuables de la société, et que vous n'avez rien de commun avec les aspirations insensées d'une populace ignorante et fanatique.

Amis du peuple, quel que soit votre parti, unissez vos efforts, soyez Français, avant d'être rien d'autre, et travaillez d'un commun accord à la régénération de la France, en élevant à la liberté un trône inébranlable.

Pour atteindre ce but, connaissez-vous le meilleur chemin ? Il en est un seul, monotone et pénible, mais sûr et certain. Ce chemin, la France commence à l'entrevoir : puisse-t-elle s'y avancer courageusement et arriver heureusement à son terme !

C'est l'*Éducation du peuple !*

L'éducation du peuple est la chose essentielle qui nous manque. Sans doute, la science et l'art ont trouvé chez nous des représentants aussi nombreux qu'illustres. Mais, à côté de beaucoup de lumière et de gloire dans les sphères supérieures de la société, quelles épaisses ténèbres ne trouvons-nous pas au sein du peuple même ! Que nous importe de voir quelques rares citoyens briller par leur érudition ou leurs talents merveilleux, si, en même temps, des millions d'autres végètent dans l'ignorance et la sottise! Dans l'intérêt du progrès général de la nation, il est certes bien plus nécessaire de former un grand nombre de citoyens instruits que d'élever un petit nombre d'hommes supérieurs. L'histoire le prouve. La France, malgré tous les grands esprits dont elle s'honore, tient une place fort humble sur l'échelle de la liberté, tandis que son ancienne et fidèle amie, la République des États-Unis, avec moins de génie, mais aussi bien moins d'ignorance, en occupe depuis longtemps le plus haut échelon.

Instruisez donc la jeunesse, bâtissez des écoles, fondez des bibliothèques, multipliez le nombre et améliorez le sort des instituteurs. Imitez l'exemple de l'Amérique, et dépensez pour l'instruction publique tous les millions que vous avez consacrés jusqu'à présent à l'art d'égorger vos frères !

Aussi longtemps que vous manquerez de le faire, aussi longtemps qu'on trouvera dans certains départements encore 75 p. 100 de citoyens qui ne savent ni lire ni écrire, vous ne pouvez arriver ni à la liberté ni à la gloire véritable.

Vous voulez être la première nation au monde, et il est peu de nations policées moins instruites que vous! Vous prétendez marcher à la tête de la civilisation, et des millions de Français croupissent dans l'ignorance la plus grossière! Vous voulez apporter au monde tous les trésors de la liberté, et vous ne possédez pas le premier élément nécessaire pour être libres vous-mêmes! Français, abjurez votre grandeur imaginaire, votre faux orgueil national, et apprenez à penser à vous-mêmes avant de penser aux autres. Rappelez-vous que, pour être la grande nation, il faut être, avant tout, la nation la plus instruite. Ah! que ne puis-je, sur les ailes d'un bon génie, me transporter au delà de l'Océan, traverser toute la France, et répéter, mille et mille fois, dans chaque province, dans chaque département, dans chaque ville, dans chaque village, et jusque dans le plus petit hameau, que ne puis-je répéter les dernières paroles de Washington :

*Instruisez le peuple*[1]*!*

---

[1]. Ce dernier passage est tiré d'un ouvrage inédit, écrit à New-York.

---

## II

La vie des nations peut se comparer à celle des particuliers. Nous sommes tous faits les uns pour les autres. L'homme ne possède par lui-même ni grandeur ni puissance, il doit tout à son titre de membre de l'humanité. Il en est de même des nations : aucune n'est appelée à une mission particulière ; elles marchent toutes vers le même but, la perfection. Abandonnée à elle-même, chacune risquerait fort de le perdre de vue et de s'égarer pour toujours ; ensemble, elles s'avancent vers lui d'un pas ferme et rapide.

Il se faut entr'aider ; c'est la commune loi.

Le travail de l'humanité est si vaste, il se divise en branches si nombreuses, qu'une seule nation ne peut les embrasser toutes. Plus les peuples se partageront ce travail, plus leurs efforts seront en harmonie, plus aussi leurs progrès seront rapides.

Tandis que l'armée humaine poursuit, à travers des siècles sans nombre, la route immense qui la mènera au but final, il s'établit des rapports intimes et compliqués à l'infini entre toutes les nations, qui en forment pour ainsi dire les différents corps. Ces rapports sont réglés par des lois rigoureuses qu'on ne peut violer sans troubler la marche de l'humanité entière. A la politique extérieure est échue la tâche difficile de dicter ces lois.

La politique intérieure, comme nous l'avons dit, a pour objet de faciliter le progrès de chaque nation particulière, par l'établissement de la liberté. Quant à la politique extérieure, elle a pour objet de favoriser le progrès général en défendant les progrès de chaque nation contre les attaques des autres, et en établissant entre toutes des relations paisibles.

Ici encore nous sommes frappés de la ressemblance qui caractérise en même temps la destinée des peuples et celle des particuliers. L'existence de l'homme est réglée par les deux lois suivantes : d'abord, ne fais de mal à personne ; ensuite, fais du bien à tout le monde. Il en est de même des peuples. La première loi de la politique étrangère commande à chaque peuple de ne point troubler la marche des autres, de ne pas s'ingérer sans raison dans leurs affaires et de ne point leur montrer de sentiments hostiles, aussi longtemps que sa propre sûreté n'est pas en jeu. La seconde, d'être toujours prêt à secourir les autres peuples, de s'intéresser à leur sort, de partager leurs travaux et de leur faciliter la route. En un mot, l'intervention dans les affaires étrangères est un droit et un devoir; mais jamais elle ne doit avoir lieu, à moins d'être noble et généreuse. Le caractère essentiel de la politique extérieure, c'est qu'elle doit être pacifique. La paix est la garantie la plus sûre du bonheur et du progrès. Alors seulement une guerre est juste, lorsqu'elle a pour objet d'asseoir la paix sur une base plus solide.

Mais quittons le domaine de la théorie, et appliquons-en les principes à la régénération de la France.

Le second travail que cette régénération nous impose, c'est, nous l'avons déjà dit, de rétablir, à l'étranger, non pas le prestige éphémère des jours passés, mais notre gloire dans sa pureté et sa splendeur véritables.

Pour arriver à ce but, nous n'avons qu'à

suivre les préceptes de la vraie politique : non pas de cette politique subtile, pleine de ruse, d'intrigues et d'hypocrisie, qui fait les délices de la plupart des diplomates ; mais de la politique simple, juste et sévère, ramenée aux principes éternels qui règlent la destinée du monde. Ces principes, nous les avons énoncés plus haut. Voyons comment la France les a appliqués jusqu'à présent.

De tout temps, les Français ont prétendu être la première nation de la terre. A les entendre, ce sont eux qui ont toujours tracé la route au progrès ; sans eux, l'humanité serait encore plongée dans les ténèbres du moyen âge. En cela, nous partageons la présomption commune à presque toutes les nations. Il en est fort peu qui ne se croient supérieures aux autres : les Grecs même s'imaginent que la Renommée se plaît encore aujourd'hui à célébrer leur gloire. Cette illusion est d'autant plus forte, qu'elle a sa source dans une ignorance plus profonde ; un peuple ignorant peut se croire infiniment supérieur aux autres, parce qu'il n'a aucune idée certaine de leurs mérites.

Ne m'accusez pas de vouloir jeter un voile

sur tout ce qu'il y a de grand et de beau en France, ou de tourner en ridicule notre gloire nationale. Jamais une pensée aussi indigne n'entrera dans mon esprit : au contraire, je suis aussi jaloux de notre gloire que le meilleur patriote.

Oui, il est vrai de dire qu'en jetant les regards sur la France, on est ébloui d'une splendeur inexprimable. En France, la littérature a produit des chefs-d'œuvre sans pareils, et la philosophie lui doit l'un de ses plus grands penseurs ; en France, la science a trouvé un grand nombre de ses plus illustres représentants, et l'art y cueille encore aujourd'hui ses plus beaux et ses plus riches lauriers ; en France, le monde a vu naître quelques-uns de ses plus fameux capitaines ; en France, la politique a puisé ces grands principes de la Révolution, qu'il faut compter parmi les plus nobles conquêtes de l'humanité ; en France enfin, tous les peuples ne cessent d'admirer cette exquise politesse, cet esprit vif et subtil, ce goût délicat, cette prévenance chevaleresque, ce ton noble, ces manières élégantes et gracieuses, en un mot, tout ce qui fait le charme le plus puissant de la société.

Tous ces titres de gloire sont incontestables, les nations étrangères nous les accordent tous. Soyons donc justes à leur égard, déposons notre faux orgueil national, et admettons qu'elles ont également droit à notre admiration. Nous sommes naturellement disposés à croire que la France est la source unique de toute grandeur et, pour emprunter une tirade déclamatoire à l'un de nos littérateurs contemporains, que tout ce qui vient de l'étranger doit trouver en France son expression européenne et sa forme immortelle.

Mais tous nos titres de gloire, quelque beaux qu'ils fussent, ont été insuffisants pour nous assurer la première place dans le conseil des peuples. Pour être la *grande nation*, il fallait aspirer à un but plus élevé. Malheureusement, en marchant vers ce but, nous avons pris une route d'abord brillante, il est vrai, mais qui nous a menés vers un abîme de honte et de misère. En voulant devenir la première nation du monde, nous avons oublié les lois éternelles qui règlent les progrès des peuples, et nous avons obéi aux préceptes d'une politique aussi dangereuse que criminelle. Au lieu d'ajouter à nos autres qualités celles d'être la nation la plus instruite, la mieux gouvernée, la plus libre à l'intérieur, et la plus favorable aux progrès des autres peuples, la plus respectée et la plus aimée à l'étranger, nous n'avons aspiré qu'à l'honneur d'être la nation la plus puissante et la plus redoutable.

En ce point encore, nous avons été fous de la folie commune. Aujourd'hui, comme au passé, tous les peuples civilisés et barbares mettent la gloire militaire au-dessus de toute autre, et n'accordent leur estime qu'à ceux dont ils craignent la puissance. Une nation aura beau se distinguer dans toutes les branches de l'activité humaine ; si elle ne parvient pas à se faire craindre du monde, elle n'en sera jamais admirée. Les Allemands nous en donnent un exemple frappant. Depuis de longues années, ils ont pris place au rang des nations les plus civilisées ; mais, aussi longtemps que le monde n'a trouvé en eux rien de fort ni de redoutable, il les a ignorés, méconnus, méprisés. Tant il est vrai que nous restons aveugles sur les qualités les plus brillantes, quand elles manquent du prestige dont la puissance seule peut les revêtir !

Quels ont été les fruits de notre fausse politique ? Les voici en un seul mot : la fausse gloire. Sans doute, nous avons été presque toujours le peuple le plus puissant, mais nous avons été en même temps le plus turbulent, le moins libre, le plus révolutionnaire à l'intérieur, et le plus téméraire, le plus arrogant et le plus despotique à l'étranger. Aujourd'hui, la France expie cruellement ses fautes passées. Tombée de la hauteur étonnante à laquelle notre ambition excessive l'avait élevée, épuisée par une guerre désastreuse, déchirée par ses luttes intestines, la France montre à l'humanité les suites fatales de la fausse politique et de la fausse gloire.

Les calamités récentes, qui sont venues fondre sur notre chère et malheureuse patrie, devraient être pour tout vrai patriote un sujet de profondes et sincères méditations. Chacun de nous devrait étudier nos fautes passées en juge impartial et avouer hautement nos crimes. Mais, puisqu'il ne convient pas à un particulier de juger sa nation, écoutons l'arrêt que l'humanité a prononcé sur nous.

L'humanité a parlé ; d'une voix unanime elle a prononcé à jamais notre condamnation.

A jamais ! car la voix des nations étrangères est celle de la postérité.

La guerre de 1870 restera une tache ineffaçable dans les annales de la France. De quelque belles couleurs que nous voulions la couvrir, cette tache sanglante reviendra toujours, toujours. Ce n'est pas à cause de nos défaites que cette guerre sera l'une des pages les plus sombres de notre histoire. Au contraire, nos soldats se sont noblement battus : non, ils n'ont pas dégénéré, ils se sont montrés dignes de leurs pères ! Si Napoléon avait assisté à ces grandes batailles, dont le triste souvenir nous arrachera toujours des larmes, il eût dit à nos guerriers : « Vous êtes des braves !....» Mais c'est Napoléon qui nous a manqué !... Encore une fois, ce ne sont pas nos défaites qui ont appelé sur nous la condamnation du monde : nous étions jugés avant d'avoir versé la première goutte de sang. Notre crime, c'est d'avoir déclaré une guerre aussi injuste qu'inutile ; c'est d'avoir voulu entraver la marche d'une grande nation à laquelle nous aurions dû tendre une main fraternelle ; c'est d'avoir voulu arracher à cette nation plusieurs de ses plus fidèles provinces ; c'est d'avoir immolé tant de braves guerriers à notre orgueil national ; c'est d'avoir causé le déchirement de la France et condamné les Alsaciens à un joug qui leur est odieux, c'est enfin d'avoir appelé sur notre propre pays des calamités qui semblaient trop nombreuses pour un si court intervalle.

Aujourd'hui il faut boire le calice jusqu'à la lie, il faut écouter humblement l'arrêt fatal que le monde a prononcé sur nous :

« Il est juste que la France ait été battue, « pour qu'elle apprenne une fois de plus qu'il « n'est pas d'armées invincibles ! »

« Il est juste que ses villes ait été brûlées et « ses campagnes dévastées, pour qu'elle ap- « prenne à sentir tous les maux de la guerre « dans ce qu'ils ont de plus affreux ! »

« Il est juste que l'Alsace lui ait été enlevée, « pour qu'elle apprenne, par expérience, quelle « amère douleur ce doit être pour une mère que « de perdre l'un de ses enfants qui l'aimaient « le plus ! »

Cet arrêt est bien sévère, peut-être même injuste ! Mais peut-il nous étonner, après toutes les fautes que nous avons commises ? Après avoir enflammé le monde contre nous, avons-nous le droit d'ignorer complétement sa colère, alors même qu'elle est excessive ? Sans doute, des hommes habiles à trouver des prétextes ont profité de la merveilleuse aptitude du peuple à s'aveugler lui-même, pour le convaincre de son innocence. Mais ces hommes sont plus dangereux pour la France que les armes de l'ennemi.

Français, il n'y a jamais de honte à avouer ses fautes. Reconnaissons donc les nôtres et ne les rejetons pas sur autrui. Depuis le chef de l'État jusqu'au dernier des citoyens, nous avons tous manqué. Si quelqu'un mérite notre haine et notre colère, c'est nous-mêmes. Personne en France ne souffre injustement. L'exilé de Chiselhurst n'a eu que ce qu'il a mérité. Comme nous, il expie ses crimes. Puisqu'il a préféré la honte de la captivité à une mort glorieuse sur le champ de bataille, qu'il reste mort pour nous; que ce soit là sa condamnation! N'insultons pas à sa mémoire et laissons reposer les morts. Jamais ne l'accusons de nos malheurs, car, s'il est vrai que nous l'ayons suivi en aveugles vers le précipice qui nous a engloutis, nous n'en sommes que plus dignes de pitié. Alors, Français, cachons-nous la face, car notre honte aurait surpassé nos malheurs !

Aujourd'hui que la France a perdu sa gloire nationale, que faut-il faire pour la lui rendre ?

Il faut battre en brèche tout ce qui nous reste de notre ancienne politique et la régler sur les lois que nous dictent le bonheur et le progrès du monde. Quelque difficile que soit la tâche, il faut revenir aux principes éternels de la vraie politique, c'est-à-dire abjurer nos vieux préjugés, respecter la nationalité et renoncer à toute idée de conquête, ne plus aspirer à l'éclat sinistre de la gloire militaire, nous faire aimer des peuples au lieu de nous en faire craindre et haïr, enfin désirer la paix, toujours la paix et rien que la paix.

Il faut, ai-je dit, abjurer nos vieux préjugés, car nous sommes le peuple le plus engoué de lui-même. Nous n'avons aucune idée juste et vraie de tout ce qu'il y a de grand, de beau et d'admirable hors de France.

Il faut respecter la nationalité et renoncer à toute idée de conquête : la vraie grandeur d'une nation est indépendante de l'étendue de son territoire ; les anciens Grecs nous en donnent une preuve magnifique. Une conquête au dix-neuvième siècle est aussi lamentable qu'une persécution religieuse aux siècles passés. Le patriotisme est une vertu aussi sublime que les convictions religieuses. La gloire d'une nation peut sans doute y contribuer, mais elle n'en est pas la source principale. Dans notre folie, nous avons cru faire grand honneur à quelques millions d'Allemands, en voulant les appeler Français. Nous avons oublié qu'un Allemand aime et admire sa patrie tout aussi bien que nous la nôtre, et qu'il préfère son nom au plus beau nom du monde.

Il faut ne plus aspirer à l'éclat sinistre de la gloire militaire : Rocroi, Rosbach, Iéna, Waterloo, Solferino et Sedan, faut-il d'autres noms pour nous convaincre combien cette gloire est inconstante ? Si nous persévérons dans l'ancienne route, nous verrons l'histoire se répéter, nous remporterons de nouveau de grandes victoires et nous essuierons de terribles défaites. Et quelle en sera la conséquence ? Beaucoup de gloire, beaucoup de honte et surtout beaucoup de sang ! Et puis, Français, vous qui avez la réputation d'être la nation la plus valeureuse de toutes, n'oubliez pas qu'avec la marche du temps la guerre change complétement de caractère. La *furia francese* commence à perdre sa valeur. L'avenir appartient à la science et le succès aux calculateurs. La guerre ne sera plus qu'un problème gigantesque et l'esprit le plus mathématique remportera la victoire. Voilà ce que je ne puis assez mettre à cœur à nos guerriers. Généraux, capitaines, officiers de l'armée française, braves et infortunés défenseurs de la République, voulez-vous marcher à la victoire dans la seule guerre qui nous attende? Eh bien, étudiez !

Il faut, ai-je encore dit, nous faire aimer des peuples, au lieu de nous en faire haïr, et enfin rechercher la paix, toujours la paix et rien que la paix. Par sa position géographique, la France sera toujours appelée à jouer un grand rôle dans le monde. Si donc elle veut s'acquitter dignement de son rôle, elle devra profiter de son influence pour le bien-être et le progrès des autres pays, car au progrès seul appartient la couronne. Mais la source la plus certaine du progrès, c'est la paix ; pour devenir la *grande nation*, il faut donc que nous soyons d'abord la plus pacifique de toutes.

Si nous jetons nos regards sur l'état présent de l'Europe, nous serons étonnés de voir combien il nous est facile de garder la paix.

L'Angleterre nous est attachée par les liens d'une amitié sincère. La haine éternelle que la France lui avait jurée, il y a une soixantaine d'années, a fait place à des sentiments plus nobles. Puisse l'union présente devenir de plus en plus intime !

La Russie et l'Autriche nous ont pardonné nos victoires passées : celle-ci a profité de ses malheurs pour changer de politique et s'avancer paisiblement dans la route du progrès ; celle-là a tiré parti de nos défaites récentes pour effacer le souvenir des siennes. Rien ne nous semble présager une guerre future avec ces deux puissances. Les Autrichiens poursuivent aujourd'hui une politique éminemment pacifique, et nous montrent le chemin que nous devrions prendre nous-mêmes. Quant aux Russes, leurs rêves ambitieux ne devraient pas nous inquiéter. Tôt ou tard nous verrons la Porte s'écrouler et le drapeau russe flotter sur les murs de Constantinople. Mais qu'importe ? Sans doute, les diplomates seront en transe ; mais le peuple même y restera indifférent, car il se soucie fort peu de l'équilibre européen. Quoi qu'il arrive, il est certain que la puissance de la Russie ne peut exercer une influence funeste sur le bonheur et le progrès de notre patrie.

Les événements récents nous obligent de ne

plus trop compter sur nos propres forces ; que ce soit donc notre vœu le plus ardent de voir la France s'unir étroitement à l'Autricle et à la Russie. Puisse notre patrie trouver en elles des amies sincères, quand un jour elle sera appelée à déclarer la guerre pour asseoir la paix sur une base plus durable !

L'Italie a de grands droits à nos sympathies. Nous devrions nous empresser à lui tendre la main, rien que pour lui faire oublier le peu d'amitié que nous lui avons montré dans les dernières années.

La question italienne est on ne peut plus délicate. Parlons franchement. La franchise et la clarté sont hors de prix, quand il s'agit de résoudre de pareilles questions.

Nous sommes une nation catholique, mais en matière politique il faut que tout citoyen soit avant tout Français. Mêler nos devoirs politiques avec ceux de la religion, c'est nous plonger dans un chaos épouvantable. La prépondérance de la religion sur la politique a causé les plus grands malheurs de l'humanité. L'histoire le prouve. Les pays où l'élément politique a le pas sur l'élément religieux ou en est même séparé, ces pays, dis-je, ont été et seront toujours les plus heureux, les plus paisibles, les plus favorables au progrès et bien souvent les plus puissamts du monde. Pour nous en convaincre, nous n'avons qu'à jeter nos regards sur les États-Unis, l'Angleterre et l'Allemagne.

Aujourd'hui surtout que le pape, enveloppé dans son infaillibilité, aspire à être un autre Grégoire VII, nous ne pouvons assez nous tenir en garde contre lui. Et ce n'est pas tant sa Sainteté que nous avons à craindre. Pauvre homme, il n'en peut rien si, dans ses vieux jours, on l'a rendu infaillible et qu'on lui a fait jouer le rôle principal dans *la grande farce du dix-neuvième siècle !* Ce que nous avons à craindre, c'est l'ambition d'une société puissante qui est le fléau le plus terrible de l'humanité.

Nous ne désirons pas que les Français renoncent à leur titre de catholiques, mais nous voulons qu'en politique ils soient avant tout Français.

Le plus grand service que la France puisse rendre à la cause catholique, c'est d'aider au pape à élever son empire véritable, c'est-à-dire l'empire spirituel. Aspirer à séparer les affaires religieuses des affaires politiques, c'est se montrer vrai ami du catholicisme. Tôt ou tard il faudra que cette séparation devienne un fait accompli : le plus tôt sera le mieux. Si la France n'est pas encore prête à se soumettre à ce changement, qu'elle se garde du moins de faire un pas en arrière en se montrant plus catholique que française !

J'ignore quels sont, en France, les sentiments des hommes politiques au sujet de la question italienne, mais que les Italiens sachent que s'ils ne possèdent pas la sympathie de ces Messieurs, ils peuvent compter hardiment sur celle du peuple. Nous souhaitons du fond de notre cœur que l'Italie soit heureuse, qu'elle devienne puissante et qu'elle jouisse à jamais de cette unité qu'elle a recherchée avec une si noble persévérance. Et si notre gouvernement devait se montrer assez aveugle sur le salut de la France et sur le progrès du monde, pour suivre les conseils d'hommes fanatiques et sans patriotisme, pour violer la paix et vouloir déchirer l'Italie au nom de la religion, nous espérons que notre gouvernement sera trompé dans ses attentes, et que l'Italie ne manquera pas de se défendre courageusement.

Il ne nous reste plus qu'à parler de l'Allemagne.

Quelle sera notre politique à l'égard de ce pays? Voilà une question qui est pour la France et l'Europe de la plus haute importance. Il s'agit à présent de répondre à cette question une fois pour toutes, et de nous tracer une route sûre et certaine qu'il faudra poursuivre à jamais.

Cette route est la même pour toutes les nations : la paix durable, l'amitié sincère et l'union intime. Voilà quel doit être l'objet de notre politique à l'égard de l'Allemagne.

Quelle honte ! vous écrierez-vous, quelle folie ! quelle témérité ! Vous parlez de paix et vous êtes Alsacien !

Oui, je suis Alsacien, je suis Français, et je veux la paix !

Les Français et les Allemands sont nés pour être amis. La nature le veut tout d'abord : elle ne les a pas seulement mis les uns à côté des autres, mais elle ne les a séparés par aucune limite naturelle. La seule limite qui existe entre eux est celle du sentiment national. C'est le cœur qui fait la nation ! De nos jours, comme avant la guerre, la France s'étend jusqu'au Rhin : le cœur de l'Alsacien est aujourd'hui plus français que jamais. Mais ce n'est pas la nature seule qui exige que nous soyons les amis des Allemands, le progrès du monde nous en fait une loi. De tous les peuples, ceux qui préparent la route au reste de l'humanité sont, plus que tous les autres, destinés à se tendre la main. Parmi ces peuples, les Allemands occupent un rang illustre ; bien plus, s'il faut en croire des hommes d'une sagesse et d'une impartialité égales, ils se sont élevés parmi eux à la première place.

Il est aujourd'hui de mode en France de se répandre en invectives contre les Allemands. S'il faut en croire le peuple, ils sont des brigands, des barbares, des monstres sanguinaires. Bien des gens trouvent cela fort patriotique, mais il faut ajouter, à l'honneur de notre patrie, que cette opinion est loin d'être générale. C'est une mode, que, pour ma part, je méprise du fond du cœur et à laquelle je ne me soumettrai jamais. Il y a certes plus de mérite à dire des vérités désagréables que de beaux mensonges.

Je ne veux pas prétendre que toutes nos accusations soient fausses. Il faudrait ne pas être Strasbourgeois pour nier que les Allemands aient montré parfois, dans la dernière guerre, une cruauté froide et méthodique. Mais avons-nous le droit de juger d'une nation par les excès qu'elle a commis dans l'effervescence générale, dans l'ardeur du combat ou dans l'ivresse de la victoire? Savez-vous comment nos pères se sont conduits, quand ils ont envahi l'Allemagne au commencement de ce siècle? Ou bien croyez-vous que, si la victoire nous avait été favorable, nos propres soldats se seraient montrés bien plus généreux que nos ennemis ?

Voilà des questions auxquelles nous n'aimerions pas à répondre, mais les nations étrangères y ont répondu pour nous.

Français, oubliez un instant votre haine, ayez le courage de regarder les Allemands en face : ils sont nos ennemis, c'est une raison de plus pour être juste à leur égard et pour reconnaître leurs mérites. Mieux nous les connaîtrons, plus aussi il nous sera facile de les vaincre à notre tour, de rétablir la paix véritable et de devenir leurs amis sincères !

Force gens en France n'ont aucune idée de l'Allemagne et affichent à son égard un mépris aussi absurde que mesquin; j'essayerai donc de peindre cet empire à grands traits.

Au commencement de ce siècle, une femme qui occupe un rang illustre dans l'histoire de la littérature a eu le courage de s'arracher à nos préjugés nationaux, pour commencer une œuvre aussi noble que difficile, celle de faire connaître l'Allemagne à la France. A ses observations et à ses études nous devons un ouvrage qui unit l'esprit philosophique à une verve poétique incomparable. Malheureusement M^me de Staël a trouvé chez nous fort peu d'imitateurs. « La plus grande partie des ouvrages écrits en France sur l'Allemagne, dit un littérateur allemand, restent fort au-dessous de ce premier essai destiné à faire connaître l'Allemagne aux Français. » Des traducteurs estimables ont, il est vrai, essayé de rendre en français les chefs-d'œuvre de sa littérature, nos savants ont fait luire en France les lumières de la science allemande, et les amis de l'art ont tâché de répandre chez nous les trésors qu'ils ont découverts au delà du Rhin. Mais tous ces efforts ont été trop partiels et ces travaux trop élevés pour être à la portée du peuple : une classe privilégiée en a seule recueilli les fruits. Pour la grande majorité des Français, l'Allemagne est encore aujourd'hui ce qu'elle était il y a soixante ans, un pays inconnu et réputé barbare.

Et pourtant, si jamais pays a mérité l'admiration du monde, c'est assurément l'Allemagne.

La littérature, on l'a souvent répété, est l'expression de la société. A ne juger les Allemands qu'au point de vue littéraire, quelle glorieuse nation ne doivent-ils pas être ? Klopstock, Lessing, Wieland, Herder, Schiller, le bon Schiller, et Gœthe, le génie universel, voilà des hommes dont le monde entier peut être fier. Quelle poésie sublime, quelle vaste érudition, quelle richesse de formes, quelle noblesse de diction, quelle profondeur et quelle puissance de la pensée n'admirons-nous pas dans leurs œuvres immortelles ! Ma voix est trop faible pour célébrer dignement la gloire de ces grands écrivains, qui ont fait et feront toujours mes délices.

La philosophie a trouvé en Allemagne des hommes non moins illustres. Voyez Kant, Fichte, Schelling, Hegel ! Faut-il d'autres noms pour nous convaincre que les Allemands sont le peuple le plus philosophique du monde ?

Au point de vue de l'art, l'Allemagne ne

tient point une place moins distinguée. Il serait trop long de passer en revue tous les arts et de montrer avec quel amour les Allemands les ont cultivés. En n'envisageant que le plus populaire de tous, la musique, nous sommes obligés de reconnaître leur excellence. A cet égard, les Italiens même leur cèdent le pas. Quant à nous, Français, nous ne pouvons que reconnaître notre infériorité. Auprès des Hændel, des Bach, des Haydn, des Mozart, des Beethoven, des Weber, des Meyerbeer et des Wagner, nos plus grandes célébrités musicales pâlissent et tombent en poussière.

Mais, s'il est un point où l'Allemagne est plus admirable encore et semble se surpasser elle-même, c'est la science. La science n'a pas de patrie, mais si elle en avait une, ce serait l'Allemagne. Philologie, sciences naturelles, histoire, astronomie, physique, théologie, chimie, mathématiques, géographie, quel que soit le domaine de la science sur lequel vous jetiez vos regards, les Allemands l'ont cultivé et partout ils ont excellé. Et faut-il s'en étonner? Ils possèdent en perfection la grande vertu qui fait les grands savants, la persévérance. Je ne m'arrêterai pas à énumérer tous les savants illustres, depuis Képler jusqu'à Liebig, que l'Allemagne a vus naître. Leur gloire est trop grande pour que mes modestes hommages puissent en augmenter l'éclat.

En embrassant d'un seul coup d'œil toute l'Allemagne, nous trouverons que ses traits essentiels sont la modestie, l'impartialité, l'absence de préjugés étroits et de vanité nationale. Si j'avais à faire un parallèle entre les Allemands et quelque autre peuple, je les comparerais aux anciens Grecs. Ces deux nations se distinguent à la fois par l'esprit philosophique, par la profonde érudition, par la verve poétique, par le culte du beau et par mille autres qualités admirables. Pour être des Grecs parfaits, il ne manque aux Allemands que cette vivacité, ce feu accordé seulement aux nations qui vivent sous un ciel plus doux et plus favorable.

Ce tableau de l'Allemagne, à peine ébauché et tracé d'une main peu habile, serait du reste incomplet, si, après avoir parlé des génies divers dont ce pays s'honore, je ne m'arrêtais un instant pour peindre le peuple allemand lui-même.

Peut-être n'est-il aucune nation civilisée

dont le caractère forme un contraste plus frappant avec le nôtre.

Le Français a la réputation de naître acteur : tous ses discours et toutes ses actions sentent le théâtre. Dans la vie publique et privée, au salon comme en chaire, à la tribune de même que sur le trône, partout nous retrouvons en lui l'acteur. Il aime les phrases pompeuses, les tirades à effet, l'enflure, la fanfaronnade; il rit et il pleure, il chante sa gloire et déplore sa misère, il vit et meurt en héros de théâtre. — Voilà notre portrait, tel que les nations étrangères se le représentent. Quelque peu flatteur qu'il soit, il faut avouer qu'il n'est pas tout à fait méconnaissable.

Grâce à son talent d'acteur, le Français possède en perfection, et de la façon la plus naturelle, toutes les qualités de l'homme du monde, l'esprit, la politesse, le tact merveilleux, la galanterie, le charme de la parole et ce je ne sais quoi de fin, de gracieux, de noble et je dirai de *gentlemanlike* que le monde ne cesse d'admirer en lui.

L'Allemand est né penseur : il parle peu, il a horreur des grands mots, des phrases ronflantes et des airs prétentieux. Sa nature tient tout ensemble d'une simplicité primitive et d'une bonhomie un peu rustique. Son esprit rêveur et philosophique lui fait naturellement préférer le calme de la solitude au bruit et à l'éclat de la société. Il ne possède pas la souplesse caractéristique du Français, qui se plie aisément aux convenances factices de l'étiquette la plus rigoureuse; il est moins élégant, moins raffiné, mais aussi moins frivole et plus cordial. Les qualités du Français sont brillantes mais plus superficielles, celles de l'Allemand sont moins fines, mais plus profondes. Au Français il faut sans cesse de fortes émotions, il est naturellement turbulent, désordonné, guerrier et révolutionnaire; l'Allemand, au contraire, aime l'ordre, le repos, la paix, en un mot tout ce qui est en accord avec cette *Gemüthlichkeit* qui est un trait essentiel de son caractère. Le Français, dans tout ce qu'il entreprend, est vif, ardent, téméraire; l'Allemand unit à moins de vivacité plus de prudence et surtout plus d'opiniâtreté. Le Français enfin aime à dominer les hommes, l'Allemand veut dominer les esprits.

En comparant l'Allemagne avec la France, il serait difficile de dire, au premier abord, laquelle des deux mérite la palme. Il n'y a qu'un

seul point où l'hésitation n'est pas permise, et
où l'Allemagne l'emporte infiniment sur notre
patrie, c'est l'éducation du peuple. Mais ce
point est d'une importance si considérable,
qu'un juge impartial donnera aux Allemands
nécessairement la préférence sur nous-mêmes,
quelles que puissent être nos propres qualités,
car un peuple instruit sera toujours supérieur
à un peuple qui ne l'est pas.

Mais, me demanderez-vous, cette nation que
vous vous plaisez à élever jusqu'au ciel, pourquoi a-t-elle été tellement méconnue dans le
monde? La réponse est bien simple, je l'ai déjà
donnée : Parce que l'Allemagne n'a pas été l'une
des grandes puissances. L'humanité est encore
trop jeune pour apprécier le vrai mérite ; elle
n'admire que ceux qui se montrent forts et re-
doutables. Ni philosophes, ni écrivains, ni artistes, ni savants n'auraient jamais, aux yeux du
monde, donné à l'Allemagne la place illustre
qu'elle mérite. Pour couronner l'édifice élevé
par les Luther, les Kant, les Gœthe, les Pesta-
lozzi, les Humboldt, les Mozart et mille autres
génies, il fallait un homme de plus, un grand
diplomate. Cet homme naquit, se mit à l'œuvre
et couronna l'édifice : j'ai nommé le fondateur

de l'empire d'Allemagne, le prince de Bismark.

Les grandes causes trouvent toujours de grands champions. Lorsque tous les citoyens d'un même pays n'ont qu'une seule volonté et que tous leurs vœux se concentrent en un foyer ardent, ils voient toujours naître un homme qui sait réunir en lui leurs aspirations, diriger leurs efforts, leur montrer la route la plus facile et les conduire au but. Cet homme perd alors son caractère individuel, il devient la personnification de la nation entière. A lui seul, il est plus puissant que des millions de mortels; c'est lui qui règle le cours des événements, c'est lui qui saisit la Destinée d'une main de fer et la fait avancer dans la voie qu'il se plaît à lui tracer. Voilà ce qui explique le prestige qui s'attache au nom de Bismark.

A peine sorti de l'enfance, ce grand patriote regarde autour de lui pour chercher un objet digne de son ambition. Son regard pénétrant s'arrête sur l'Allemagne. Il voit qu'elle a besoin d'un homme qui la mène à l'unité, et il se dit : « Je serai cet homme ! » Une fois qu'il a envisagé son but, il marche vers lui avec cette persévérance infatigable qui caractérise sa nation. Doué d'un esprit à la fois profond et subtil, passé maître en fait de ruse et de dissimulation, habile à manier les fils les plus cachés de l'intrigue, en un mot possédant toutes les qualités qui font les grands diplomates, il commence cette œuvre admirable qui lui promet de devenir la gloire du dix-neuvième siècle.

Les yeux dirigés vers le but, il s'avance toujours ; ni la mauvaise volonté de son entourage, ni son peu de popularité ne le rebutent. Soutenu par l'amour de la patrie, il renverse tous les obstacles, il retrouve des forces au moment de défaillir, il brave l'indifférence de ses compatriotes et ses propres déceptions. Et enfin il atteint le but et recueille le fruit de ses immenses travaux : l'Allemagne et le monde entier le comblent de gloire et d'honneurs. Mais sa plus belle et plus douce récompense, il la trouve en lui-même, car il a le droit de se dire : « Le plus grand trésor qui soit accordé à un pays, voilà ce que j'ai donné à ma patrie en lui donnant l'unité ! »

Grâce à lui, l'Allemagne est montée à la place qui lui est due ; grâce à lui, elle n'est plus seulement l'admiration du monde savant et artistique, mais elle est aujourd'hui l'admiration de l'humanité entière.

Mais non, je me trompe. Le peuple qui, plus

que tous les autres, devrait aimer la nation allemande et s'unir à elle étroitement, est le seul
qui la méconnaisse, qui la méprise et qui lui
ait juré une haine éternelle.

Quel triste et lamentable spectacle que de voir
ces deux grands peuples animés de sentiments
aussi hostiles ! N'est-il aucun moyen de calmer
la colère de l'un et la soif de vengeance de l'autre? N'est-il aucun homme qui ose entreprendre
la tâche difficile de rétablir entre eux la paix
durable ?

Enfant de l'Alsace, je me crois appelé plus
que tout autre Français à entreprendre cette
tâche. C'est aux Alsaciens à préparer l'union
future de ces deux nations, car ils adorent l'une
et savent apprécier les mérites de l'autre.

Il faut haïr les Allemands à mort, voilà le
mot d'ordre qui traverse toute la France, de
Strasbourg à Bayonne et de Calais à Toulon. Et
pourquoi ?

Faut-il les haïr, parce qu'ils ont repoussé nos
injustes attaques ?

Faut-il les haïr, parce qu'ils nous ont battus
au lieu de se faire battre ?

Faut-il les haïr, parce qu'ils n'ont pas voulu
se soumettre à notre joug?

Faut-il les haïr, parce qu'ils ont aimé leur patrie aussi bien et peut-être mieux que nous la nôtre?

Non, Français, mille fois non! Jusqu'ici ils n'ont fait que leur devoir, et, bien loin de mériter notre haine, ils méritent notre admiration. Amis, s'il vous reste un grain de cet esprit chevaleresque qui distinguait vos ancêtres, admettez que, si votre haine n'avait de source plus profonde, elle serait indigne de vous.

Mais, il faut le dire, votre haine est juste, elle a une cause véritable, reconnue par le monde entier. Cette cause, c'est le traité de Francfort. Ah! s'il est vrai que les Allemands ne méritent pas notre vengeance pour avoir remporté la victoire, ils la méritent mille fois pour nous avoir fait payer si chèrement nos défaites.

De tous les traités qui aient été signés depuis le commencement de l'histoire, celui de Francfort est assurément l'un des plus horribles et des plus révoltants.

Trois départements et cinq milliards! Aussi longtemps que ce traité subsiste, il faut nous couvrir la face!

Trois départements et cinq milliards! Puissions-nous devenir la nation la plus lâche, la plus efféminée, la plus méprisable, si jamais nous oublions un déshonneur pareil!

Trois départements et cinq milliards! Puissions-nous essuyer mille défaites plus terribles que celles des dernières années, si jamais nous cessons de maudire le vainqueur insolent qui nous a imposé des conditions aussi dures et aussi honteuses.

La seule consolation qui nous rende ce traité quelque peu supportable, c'est de nous rappeler que la France ne l'a signé qu'à la dernière extrémité. Quoi qu'en disent certains hommes d'un patriotisme contestable, ce sera la gloire éternelle de notre patrie d'avoir résisté jusqu'au bout, et de ne s'être soumise que lorsqu'il eût été folie de s'opposer plus longtemps à l'ennemi victorieux.

Oui, j'ai dit que je veux la paix, la paix éternelle entre la France et l'Allemagne; mais une paix honteuse est pire que la guerre, une paix basée sur un traité de Francfort n'est qu'une chimère!

Que faut-il donc que nous fassions pour rétablir la paix véritable?

Il faut déchirer ce traité.

Voilà quel doit être le vœu unique et le seul

but de tout Français, depuis le président de la République jusqu'au dernier des citoyens.

Mais comment déchirer ce traité? Voilà la grande question.

De deux choses l'une : ou bien l'Allemagne sera assez généreuse pour le déchirer de sa propre main, ou bien il ne nous reste qu'à le faire nous-mêmes.

Considérons froidement les deux cas.

Les Allemands voudront-ils jamais déchirer ce traité?

La réponse est superflue.

Sans doute il est parmi eux des hommes qui, pour ménager la réconciliation des deux pays, souhaitent ardemment que l'Allemagne rende à la France les provinces conquises et lui remette une partie de la somme fabuleuse que nous avons à payer. Ces hommes méritent notre reconnaissance.

Malheureusement le point de vue moral auquel ils se placent n'a rien de commun avec la politique.

Si nous voulons former une idée juste et certaine de ce que nous avons à attendre de l'Allemagne, il faut considérer l'avenir au point de vue purement politique, avec l'œil calme d'un diplomate sans entrailles.

A ce point de vue, il ne nous reste pas le moindre doute. Il serait aussi vain que puéril d'espérer que l'Allemagne nous remette une partie de l'indemnité. En exigeant une somme si énorme, elle n'a pas seulement voulu nous faire payer ses dépenses, elle a voulu avant tout nous ruiner, pour étouffer dans son germe notre vengeance future. En nous remettant une partie de l'indemnité, elle croirait nous rendre les forces nécessaires pour la terrasser à notre tour, et nous mettre en main le glaive dont nous lui percerons le sein.

Quant à l'Alsace et à la Lorraine, ce serait folie de croire que nos ennemis les quitteront de bon gré.

Ils ont acheté ces provinces à un prix incomparable, et il faut nous attendre à ce qu'ils les défendent jusqu'à la dernière goutte de leur sang.

S'ils n'avaient pas de prétextes pour justifier leur conquête, la politique seule leur en fournirait un grand nombre. Ils sont convaincus que les Français saisiront la première occasion pour envahir l'Allemagne et effacer le souvenir de leurs défaites, et ils ont pris leurs mesures en conséquence. Nous rendre nos provinces, ce serait, à leur avis, ouvrir eux-mêmes la porte à l'invasion.

Mais ils ont d'autres prétextes pour les garder. Personne n'ignore qu'ils ont toujours regardé l'Alsace et la Lorraine comme des provinces essentiellement allemandes, qui leur appartenaient de droit. En effet, disent-ils, les mœurs, les coutumes, le caractère, la langue, l'esprit, tout y est allemand. Bien plus, il y a peu d'années, bien des Allemands s'imaginaient encore que ces pauvres Alsaciens gémissaient sous le joug français et qu'ils espéraient trouver dans l'Allemagne leur libératrice.

Aujourd'hui il n'en est plus de même : ils reconnaissent que les Alsaciens sont attachés à la France de cœur et d'âme. Oui, nos mœurs, notre caractère, notre langue, tout jusqu'à la forme de notre crâne est allemand ; mais ce qui chez nous est français et ce qui l'est aujourd'hui plus que jamais, c'est le cœur. Et qu'importe le reste, si le cœur est français !

Mais les Allemands rendront-ils pour cela une province qu'ils ne possèdent que par le droit du plus fort ? Non, jamais ! Pour couvrir l'injustice, les prétextes ne manquent à personne.

« Nous avouons, disent-ils, que les Alsaciens nous haïssent aujourd'hui cordialement. Mais est-ce que leur haine est à toute épreuve? N'ont-ils pas perdu le souvenir de leur vraie patrie, que parce qu'elle a joué dans le monde politique un rôle si pitoyable? Aujourd'hui l'Allemagne est à l'apogée de la gloire et de la puissance, ce changement grandiose produira dans le cœur de l'Alsacien une révolution complète, sa vraie nature se réveillera, il se dépouillera du vernis superficiel que les Français appelaient du patriotisme, et dans dix ans il sera plus allemand qu'il est français à l'heure présente. »

Changer la face de l'Alsace, déchirer les liens sacrés qui nous unissent à la France, étouffer nos souvenirs les plus chers et nos vœux les plus ardents, et puis offrir au monde une justification insolente du vol qu'ils ont commis, voilà le but auquel l'Allemagne aspire, voilà l'œuvre qu'elle a déjà commencée avec un zèle extrême.

Pour arriver à leurs fins, les Allemands ont une méthode bien simple : Bannir ceux qui ne veulent pas se soumettre à leur joug, combler les autres de caresses et de bienfaits, et favoriser par tous les moyens possibles l'immigration allemande.

Depuis un an, des milliers d'Alsaciens quittent les foyers de leurs ancêtres et se dispersent dans le monde, car ils préfèrent l'exil à la domination étrangère. Mais quelle que soit la distance qui les sépare de leur patrie, ils ne cessent de tourner vers elle leurs regards, et ils espèrent voir le jour où elle réglera son compte avec l'ennemi qui les a expulsés.

Pendant qu'ils s'éloignent, les Allemands remuent ciel et terre pour gagner le cœur de ceux qui restent. Ils rebâtissent les villes, font disparaître partout les dernières traces de la dévastation, favorisent le commerce, l'agriculture et l'industrie, augmentent le bien-être matériel du peuple, lui donnent une administration bien supérieure à celle dont il a joui sous le régime français, encouragent l'éducation de la jeunesse, élèvent la capitale de l'Alsace au rang de centre de la science allemande, témoignent aux habitants l'affection la plus tendre, versent du baume à leurs blessures, leur rendent le joug aussi léger qu'il est possible et font de l'Alsace, en un mot, l'enfant gâtée de l'Allemagne. Tout cela est fort beau et généreux, mais c'est aussi bien fin et rusé. En vérité, le prince des diplomates est aussi infatigable en temps de paix qu'en temps de guerre !

Pour compléter l'œuvre, une foule d'étrangers traversent le Rhin et viennent inonder l'Alsace. Ils se pavanent dans nos rues, habitent nos maisons et se nourrissent du fruit de nos terres. Dans les villes où nous entendions les joyeuses fanfares de nos braves guerriers, résonne l'air triomphal de notre ennemi, et dans les églises où nous prions pour le salut de la France, nous sommes condamnés à écouter les vœux adressés au ciel pour ceux que nous maudissons !

Les Alsaciens seront-ils spectateurs impassibles d'une pareille révolution, verront-ils leur pays ainsi défiguré sans élever la voix, se soumettront-ils tranquillement à la loi de l'étranger et apprendront-ils à baiser la main qui leur impose le joug ?

Non, mille fois non ! Quand je vois mes compatriotes au cœur si français, je me dis, avec la conviction la plus profonde, qu'il s'élèvera parmi eux un homme qui saura peindre leur patriotisme en traits de feu et qui fera de sa cause celle de l'humanité entière.

Des empires se sont écroulés sans qu'on ait entendu une seule plainte, mais il ne sera pas dit que l'Alsace a été enlevée à la France, sans que l'univers ait entendu la nôtre. Et ne croyez pas que ce soit une vaine fanfaronnade : le cœur me dit que la cause alsacienne trouvera son champion. Les Allemands peut-être riront de lui, mais, aussi longtemps qu'il est un cœur qui bat au nom de patrie, l'humanité lui prêtera l'oreille, et si elle ne peut changer notre sort, elle accordera du moins une larme à notre infortune.

Enfant de l'Alsace, me sera-t-il permis d'exprimer aujourd'hui, d'une manière simple et sans recherche, ce qu'un jour le champion du patriotisme alsacien exprimera avec une éloquence foudroyante ? Si je ne suis pas à la hauteur de ma tâche, l'amour de la patrie qui m'anime n'en est pas moins ardent : la langue se refuse parfois à révéler les sentiments qui déchirent le cœur.

Les Alsaciens connaissent l'Allemagne, ils savent qu'elle mérite le respect et l'admiration du monde, ils aiment à la voir puissante et glorieuse, et, quelque étrange que cela paraisse, ils font les vœux les plus sincères pour son unité. Bien plus, je dis que si l'Alsace ne pouvait être reprise qu'au prix du démembrement de l'empire allemand, il vaudrait mieux que la France la perdît pour toujours ; car le progrès de l'humanité exige que nous sacrifiions le bonheur d'une petite province au salut d'une grande nation.

Si nous, enfants de l'Alsace, nous voyons l'unité et la puissance de l'Allemagne d'un œil favorable, c'est par amour pour la France même. L'union intime des deux pays est le grand objet que nous avons en vue. Nous sommes convaincus que cette union sera un bienfait inestimable pour la France, pour l'Allemagne et pour le monde entier, et nous voyons dans l'unité et la puissance de l'Allemagne la pierre fondamentale sur laquelle cette union devra reposer.

Oui, nous voulons être les amis sincères et les plus fidèles des Allemands ; mais quant à être Allemands nous-mêmes — jamais ! Voici tout juste le point capital qui nous sépare d'eux : nous leur souhaitons toutes les félicités possibles, mais nous ne voulons pas les partager avec eux ; nous voulons être leurs meilleurs amis, mais jamais leurs frères. Et puisqu'ils exercent le droit du plus fort, pour nous impo- ser un nom glorieux, mais que nous abhorrons, nous ne pouvons proclamer assez haut que nous sommes et que nous voulons rester Français !

Aussi longtemps que le sol de notre patrie sera profané par la présence des Allemands, nous ne verrons plus en eux un peuple illustre par ses génies si nombreux, un peuple digne de notre respect, de notre admiration et de notre amitié, nous ne verrons plus en eux que des vainqueurs insolents auxquels il faut vouer une haine implacable. Oui, nous espérons que la France leur tendra un jour la main ; mais nous espérons aussi que par le fer et le feu elle les chassera d'abord de notre fidèle province.

Si le salut de la patrie exigeait que nous re- noncions à cette dernière espérance, s'il nous imposait le devoir pénible d'oublier la France pour toujours, alors peut-être nous nous sou- mettrions à notre sort malheureux et nous ap- prendrions à aimer nos vainqueurs. Mais aussi longtemps que la France peut espérer de re- prendre l'Alsace sans se plonger dans la misère, bien plus, aussi longtemps qu'elle peut espérer se couvrir de gloire et d'honneur en repoussant l'étranger au delà du Rhin, nous haïrons nos vainqueurs et nous resterons fidèles à l'amour sacré de la patrie. Et si notre destinée devait nous réserver des déceptions éternelles, l'histoire nous donnera du moins ce beau témoignage : « Ils furent bons Français. »

Aujourd'hui la France ne peut rien faire pour nous, si ce n'est nous aimer. Mais cet amour est pour nous un trésor inestimable, nous le regardons comme le gage de notre délivrance future. Peut-être la génération présente est-elle condamnée à ne pas voir elle-même ses vœux exaucés. Mais alors nous léguerons notre patriotisme à nos fils, et, sur notre lit de mort, nous leur dirons : « Ayez patience et courage, la France ne vous a pas oubliés, elle se prépare, elle viendra à votre secours ! » Et nos fils auront patience et leur attente ne sera pas vaine.

Non, la France ne nous oubliera pas. Notre patrie renaîtra de ses ruines plus belle et plus glorieuse que jamais, notre patrie acquerra une puissance et une majesté nouvelles, notre patrie brillera de nouveau parmi les nations comme l'étoile du soir parmi les autres étoiles. L'esprit de Napoléon redescendra sur nos vaillants guerriers, le drapeau qui a porté la victoire dans toutes les parties du monde flottera de nouveau sur les murs de Strasbourg, et l'Alsace, en redevenant française, ne sera plus que joie et allégresse !

Heureux ceux qui assisteront à ce magnifique spectacle ! Heureux ceux qui uniront leur voix à l'hymne triomphal ! Heureux, mille fois heureux les Alsaciens qui, après une si cruelle séparation, pourront de nouveau s'appeler enfants de la France !

Amis, pardonnez-moi mon émotion. Vous ignorez peut-être que dans le cœur de l'Alsacien, apparemment si tranquille et si soumis, il est un amour ardent, un amour qui le dévore, un amour qui, tout en faisant ses délices, lui déchire les entrailles. O France, ô notre patrie que nous aimons aujourd'hui dans tes malheurs plus que jamais nous ne t'avons aimée aux plus beaux jours de ta gloire, puissions-nous ne pas être condamnés à te pleurer toujours !

Et vous, fiers conquérants, qui avez déchiré la France, vous ne croyez pas qu'un Alsacien puisse aimer sa patrie tout aussi bien que vous aimez la vôtre, vous méprisez nos vœux et vous riez de notre patriotisme. Mais le jour viendra où vos yeux s'ouvriront. Dans votre propre langue nous chanterons la gloire future de la France, dans votre propre langue nous déplorerons vos victoires, dans votre propre langue nous prêcherons contrè vous *Frankreichs Ehrenkrieg*, dans votre propre langue nous vous maudirons à jamais ! Vous nous avez pris les armes, mais, pour prouver notre patriotisme, il nous reste la langue. Imposez silence à notre langue, et il nous restera la plume. Arrachez-nous la plume, et nous conserverons l'amour de la patrie dans les replis les plus cachés du cœur. Et quand, d'une main sacrilége, vous oserez toucher à cet amour, nos frères égorgés sortiront de la tombe pour vous répéter notre malédiction : « *Fluch Allem was den deutschen Namen führt! Fluch jedem Freunde des verhassten Siegers! Fluch, ewiger Fluch dem fremdem Vaterlande!* »

Mais étouffons notre haine et dévorons notre douleur, pour terminer la discussion que nous avions commencée.

L'Allemagne, avons-nous dit, ne voudra jamais déchirer le traité de Francfort.

Que nous reste-t-il donc à faire pour rétablir la paix durable et pour ménager l'union future de la France et de l'Allemagne?

Il faut que nous nous préparions à le déchirer nous-mêmes.

Voilà la grande œuvre que nous sommes appelés à entreprendre, œuvre longue et difficile qui nous offrira des obstacles invincibles, si nous manquons de nous armer d'une patience et d'une persévérance à toute épreuve.

Les grandes œuvres ne sont pas l'affaire d'un instant. Elles exigent des années et parfois des siècles. Demandez aux Prussiens combien de temps il leur a fallu pour s'élever au rang distingué qu'ils occupent aujourd'hui. Ils vous diront qu'ils se sont mis à l'œuvre le lendemain de cette fameuse bataille, qui leur a été si funeste au commencement de ce siècle. Nous les avions complétement terrassés alors, leur existence politique même était en jeu. Mais ils ont profité de leurs défaites, ils se sont relevés, ils ont travaillé en silence pendant de longues années avec une ardeur extrême, et enfin ils ont recueilli le fruit de leurs labeurs et sont devenus le peuple le plus redoutable du monde. Français, imitons leur exemple, profitons de nos défaites, travaillons de toutes nos forces et tâchons de reprendre la place qui nous est réservée parmi les grandes nations de la terre.

Mais si les grandes œuvres ne sont pas l'affaire d'un seul instant, elles sont encore bien moins l'affaire d'un seul homme. Il faut que toute la nation y prenne part : alors seulement nous sommes en droit d'espérer que nos efforts seront couronnés de succès.

Voilà une vérité que nous, Français, nous aimons trop souvent à oublier. Nous sommes toujours disposés à chercher notre force dans un seul homme, nous nous croyons perdus à moins d'avoir un président, un empereur ou un roi puissant. Apprenons enfin à avoir confiance en nous-mêmes, et rappelons-nous que ce qui fait la grandeur d'une nation n'est ni l'habileté ni le génie du chef de l'État, mais que ce sont les vertus de chaque citoyen.

Si, aujourd'hui, nous manquons de nous fier à nous-mêmes et que nous laissons à un seul homme le soin de laver notre honte et de rétablir notre gloire sur un fondement solide, toutes nos espérances seront vaines, et la France ne sortira jamais de l'état pitoyable où elle languit à présent. Si, au contraire, nous travaillons tous d'un commun accord à la régénération de notre patrie, nous vaincrons tous les obstacles

et nous reverrons la France heureuse et puissante.

Unissons donc nos efforts, travaillons tous
avec zèle et persévérance, soyons à la hauteur
de notre tâche et montrons-nous dignes de
notre patrie.

Président, ministres, députés, et vous tous,
serviteurs du peuple, qui avez part au gouvernement, donnez-nous l'exemple de ce que nous
avons à faire. Continuez l'œuvre que vous avez
si bien commencée. Si, dans les affaires intérieures, l'esprit de parti vous anime trop souvent, nous sommes heureux de voir que, du
moins, dans la question la plus importante de
la politique extérieure, un sentiment unique
vous anime. Quand il s'agit de nous préparer à
la guerre future, de reprendre l'Alsace et de relever le monument de notre gloire nationale,
vous n'êtes plus ni royalistes, ni impérialistes,
ni républicains, vous êtes tous Français. Ce
beau spectacle nous fait bien augurer de l'avenir
et remplit nos cœurs des pressentiments les
plus doux.

Officiers et soldats, n'oubliez pas que sur vous
reposent les espérances les plus nobles et les
plus belles de la France. Répondez à son at-

tente, remettez en vigueur votre ancienne discipline, n'ayez pas trop confiance dans le courage aveugle et téméraire, faites de la guerre
une science et non pas un jeu ; imitez l'Allemagne, et que son exemple vous apprenne à
vaincre nos vainqueurs.

Quant à vous, enfants du peuple, prenez une
part active au travail général. Soyez unis, aimez
la concorde et réunissez-vous autour du gouvernement, aussi longtemps que son premier
objet sera de relever la France aux yeux des
nations étrangères.

Fuyez la corruption, car elle amène toujours
la ruine.

Favorisez par tous les moyens possibles l'éducation de la jeunesse, car l'éducation est la
pierre fondamentale de la grandeur d'un peuple.

Donnez une preuve éclatante de votre patriotisme en mettant votre fortune à la disposition
de la France. Rappelez-vous que vous ne donnez pas, mais que vous prêtez seulement au
gouvernement ; l'époque arrivera où nous ferons
rendre gorge à nos ennemis.

Mais ce n'est pas seulement votre fortune,
c'est votre vie même que vous devez mettre au
service de la patrie ! Rangez-vous tous sous les

drapeaux, depuis le fils du millionnaire jusqu'à celui du journalier. Il faut que toutes les classes de la société soient représentées dans les bataillons qui auront l'honneur de monter à l'assaut de Strasbourg !

Et quand un jour notre grande et belle œuvre sera terminée, quand notre patrie jouira de tous les fruits de la liberté et qu'elle sera couverte d'une gloire véritable, que chaque citoyen ait alors le droit de se dire : « Moi aussi j'ai travaillé à la régénération de la France ! »

Sedbergh (Yorkshire), le 10 mai 1872.

# NOUVEAUTÉS

# LIBRAIRIE A. GHIO

## À PARIS

ALEXANDRE (Albert). — **L'homme de Metz**, 7e édition.
in-8°. . . . . . . . . . . . . . . . . . . . . . . . . 1 »

AUMALE (duc d'). — **Écrits politiques.** Lettres sur l'histoire
de France adressées au prince Napoléon (1861). Lettres de Verax,
1re série (1865), 2me série (1866). — Lettres de Verax sur la
2me expédition de Rome (1867), 2me édition 1 volume in-18
jésus . . . . . . . . . . . . . . . . . . . . . . . . . 2 »

**Bazeilles et Sedan.** Essais critiques sur les opérations de l'armée
de Châlons. 1 volume in-18 jésus, orné d'un plan. . . . . . 2 »

BOST (Th.). — **Le réveil de la France**, in-8°. . . . . 1 »

BRIALMONT (colonel d'état-major). — **La fortification im-
provisée.** 1 vol. in-16 avec 9 plans. . . . . . . . . . 3 50

BUÉ (A.). — **La main.** Essai physiologique et psychologique.
In-8°. . . . . . . . . . . . . . . . . . . . . . . . . 1 25

— **Le nez.** L'être dévoilé par sa forme. In-8°. . . . . . . 1 25

**Campagne** (la) **de 1870 jusqu'au 1er septembre**, par
un officier d'état-major de l'armée du Rhin. 1 vol. in-8°, avec
10 cartes et plans. . . . . . . . . . . . . . . . . . . 3 »

**Campagne de Metz**, par un général prussien, 2e édit. In-8°,
avec une carte des environs de Metz. . . . . . . . . . 1 50

**Causes** (des) **qui ont amené la capitulation de Sedan**,
par un officier attaché à l'état-major général avec les plans de la
place et de la bataille, in-8°. . . . . . . . . . . . . . » 75

**Causes** (des) **de nos désastres.** Projet de réorganisation de l'armée
(faisant suite à la **Campagne de 1870, jusqu'au 1er septembre**), par un officier d'état-major de l'armée du Rhin. 1 vol.
in-8°. . . . . . . . . . . . . . . . . . . . . . . . . 3 50

CHENU (A.) **Le Mémorial de Napoléon III.** 1 vol. in-18
jésus. . . . . . . . . . . . . . . . . . . . . . . . . 3 50

CLARETIE (Jules). — **Histoire de la révolution de 1870-71.**
Chute de l'Empire. — La guerre. — Le gouvernement de la dé-
fense nationale. — La paix et le siége de Paris. — La commune de
Paris. — Le gouvernement de M. Thiers. 2 vol. in-8° illustrés de
portraits, vues, scènes, plans, cartes et autographes . . 10 »

CLERC (Charles). — **Politique en chemin de fer.** — De
Lausanne à Dijon. In-8°. . . . . . . . . . . . . . . . » 75

COFFINIÈRES DE NORDECK (Général). — **Capitulation de
Metz.** Réponse à ses détracteurs. 2e édit. In-8°. . . . . 1 50

**Cri** (un) **de détresse de la Prusse rhénane**, et sa représen-
tation légale, par un Rhénan. In-8°. . . . . . . . . . . 1 »

CUCHEVAL-CLARIGNY. — **L'équilibre européen après la guerre de 1870.** In-8º. . . . . . . . . . . . . 1 50

DEHAIS (Charles), sous-préfet des Andelys. — **L'invasion prussienne dans l'arrondissemeat des Andelys.** 1 volume in-18 jésus, orné d'une jolie vue photographique et de la carte de l'arrondissement. . . . . . . . . . . . . . . 3 »

DUNOYER (Charles). — **Le second empire et une nouvelle restauration.** Nouvelle édition. 2 vol. in-8º. . . . . 10 »

**Entre Français.** — Lettre au pays par un Lorrain. In-8º. » 50

**Europe (l') en 1871.** — Étude historique par un Américain. 1 vol. in-18 jésus. . . . . . . . . . . . . . . . 1 50

FAILLY (Général de). — **Opérations et marches du 5e corps jusqu'au 31 août.** In-8 . . . . . . . . . 1 »

FISCHER (A.), major. **Étude sur l'emploi des corps de cavalerie au service de sûreté des armées.** 1 volume in-18, avec une planche. . . . . . . . . . . . 1 50

FONVIELLE (W. de). — **La foire aux candidats.** 2e édition. In-8º. . . . . . . . . . . . . . . . . . . . 1 »

— **Monsieur Thiers, historien de la révolution française.** In-18 jésus. . . . . . . . . . . . . . . » 50

— **Paris en flammes.** In-8º. . . . . . . . . . 1 »

— **La terreur ou la commune de Paris en l'an 1871 dévoilée.** 8e édit. In-8º. . . . . . . . . . . . . 1 »

GLATIGNY (Albert). — **Le fer rouge.** Nouveaux châtiments. 1 vol., in-18 tiré à cent exemplaires sur papier de Hollande, avec un frontispice à l'eau-forte. . . . . . . . . . 5 »

GUERS (L'abbé). — **Les prisonniers français en Allemagne.** In-8º. . . . . . . . . . . . . . . . . . 1 »

**Histoire de l'armée de Châlons,** par un volontaire de l'armée du Rhin. Campagne de Sedan. 2e édit. In-8º. . . . 1 50

**Histoire de la capitulation de Metz.** — Enquête sur Bazaine et Coffinières. Trente-neuf pièces historiques annotées, entre autres cinq récits du siége et de la capitulation de Metz. In-8º. 1 »

**Histoire illustrée de la guerre de 1870-71.** — Relation de la campagne franco-allemande, avec plus de 200 dessins de batailles, portraits, plans, cartes géographiques et topographiques, d'après des croquis pris sur le théâtre même des événements. Un splendide volume de luxe, format in-folio, papier satiné. . 12 »

**Infâmes (les).** — Louis Napoléon Bonaparte, depuis sa naissance jusqu'à son exil à Chislehurst. Ses complices. In-8º. . . . 1 »

JOLY (Maurice). — **Dialogue aux enfers entre Machiavel et Montesquieu,** ou la politique de Machiavel au xixe siècle, par un contemporain. 1 vol. in-18. . . . . . . . . . 2 »

JUSTE (Théodore). — **M. de Bismarck et Napoléon III,** à propos des provinces belges et rhénanes. In-8º. . . . . . 1 »

LAWRENCE (Junius). — **Une bataille dans la pension Europe.** Traduit de l'anglais. 2e édit. in-8º. . . . . . . » 75

**LEBON** (Léon). — **La paix sociale où la guerre à l'ignorance.** 1 volume in-18 jésus.. . . . . . . . . . . . 1 »

**LECOMTE** (Maxime). — **Souvenirs de la campagne du Nord** (1870-71). avec un autographe du général Faidherbe. 3 parties. In-8°. . . . . . . . . . . . . . . . . . 3 »

**LECONTE** (O.-F.). — **La guerre franco-allemande de 1870-71,** avec notes biographiques des principaux généraux français et allemands et une carte générale de la guerre, accompagnée d'un plan de Paris et des principaux plans de champs de bataille, 2e édit. 1 vol. in-18 jésus. . . . . . . . . . . . . . 3 50

**Livre** (le) **noir de la commune de Paris.** (Dossier complet.) L'Internationale dévoilée, 3e édit. 1 vol. in-18 jésus. . . . . 3 »

**La lutte politique et sociale en Europe à notre époque.** In-8°. . . . . . . . . . . . . . . . . . . . 1 50

**MAC-MAHON** (Maréchal de). — **L'armée de Versailles** depuis sa formation jusqu'à la complète pacification de Paris. Rapport officiel avec une grande et très-belle carte coloriée, exécutée au dépôt de la guerre pour servir à l'intelligence des opérations militaires. 2e édit. Grand in-8°.. . . . . . . . . . . . 1 50

**MASSY** (Robert de), député. — **Association internationale des travailleurs.** Son origine, son organisation, ses moyens d'action, son but et son rôle dans les insurrections. In-8°. . . 1 »

**MICHIELS.** — **Les droits de la France sur l'Alsace et la Lorraine.** 3e édit. In-8°.. . . . . . . . . . . . . . 1 »

— **Histoire de la guerre franco-prussienne et de ses origines.** 1 fort volume in-8° avec 10 belles gravures. . 10 »

**Monsieur Gambetta, de son rôle à Tours et à Bordeaux.** In-8°.. . . . . . . . . . . . . . . . . 1 50

**Monsieur Napoléon et sa cour.** 5e édit. In-8. . . . 1 »

**MONTVAILLANT** (Baron de). — **La garde mobile de l'Hérault au siége de Paris.** 1 volume in-18 jésus.. . . 2 50

**Napoléon III, roi des Belges.** Dossier Lessinnes. In-8°. » 50

**Papiers secrets et correspondance du second empire.** Réimpression complète de l'édition de l'Imprimerie nationale, annotée et augmentée de nombreuses pièces publiées à l'étranger, avec fac-simile d'autographes de l'empereur, de l'impératrice, de Mlle Marguerite Bellanger, de Joséphine Bonaparte, etc., etc. 1 vol. grand in-8°. . . . . . . . . . . . . . . . . . 6 »

**PETRE** (A.). — **Kriegspiel. Jeu de la guerre.** Guide des opérations tactiques exécutées sur la carte. 1 vol. in-18 avec deux planches.. . . . . . . . . . . . . . . . . . 1 25

**PRÉVOST-PARADOL.** — **Lettres posthumes.** In-8°. 1 50

**RAMBAUD** (L'abbé Camille). — **Six mois de captivité à Kœnigsberg** (Prusse orientale). 1 vol. in-18 jésus. . . . 3 »

— **Siége de Metz. Journal d'un aumônier.** Avec une préface, par M. Antonin Rondelet. 1 vol. in-18 jésus. . . . 2 »

Paris. — Imprimerie Viéville et Capiomont, 6, rue des Poitevins.

www.ingramcontent.com/pod-product-compliance
Lightning Source LLC
Chambersburg PA
CBHW061750050726
47598CB00002B/672